AF450717

MÉMOIRE

SUR L'ÉTABLISSEMENT

ENTRE DAX ET PAU

D'UN EMBRANCHEMENT AU CHEMIN DE FER

DE BORDEAUX A BAYONNE.

MÉMOIRE

SUR L'ÉTABLISSEMENT

ENTRE DAX ET PAU

D'UN EMBRANCHEMENT AU CHEMIN DE FER

DE BORDEAUX A BAYONNE.

La question de la création d'un chemin de fer dans le département des Basses-Pyrénées n'est pas nouvelle. En 1845 et 1846, elle a vivement préoccupé le pays. Tous les intérêts rivaux entrèrent alors en lice et tentèrent de faire prévaloir leurs projets particuliers. La presse, les députés du département, les conseils municipaux et d'arrondissement, le conseil général et les chambres de commerce et des arts et manufactures prirent part à ces luttes ardentes et passionnées. En 1847, la question fut ajournée par le gouvernement.

Aujourd'hui, après les événements extraordinaires des cinq dernières années, le souvenir de ces débats est presqu'entièrement effacé, et la question semble se produire pour la première fois. Tout fait croire que la discussion sera cette fois pleine de calme et de mesure. Il importe cependant que tous les intérêts soient entendus. Déjà les conseils municipaux de Pau et d'Orthez ont délibéré; mais, selon nous, la question a été rapetissée par les vues particulières de ces deux villes. Ce mémoire a pour but de lui rendre ses véritables proportions et de la présenter au gouvernement et au pays comme une voie internationale qui intéresse au plus haut point les relations de la France avec l'Espagne et dont le tracé doit autant que possible se raprocher de la frontière espagnole.

Nous avons la confiance que le pouvoir fort et indépendant qui préside aux destinées du pays, ne demande qu'à connaître la vérité, et qu'il saura déjouer tous les calculs des intérêts privés. Héritier des traditions napoléoniennes, l'Empereur s'inspire des idées et des projets de son oncle. Or, l'une des pensées de ce grand homme était de créer entre Paris et Madrid une voie directe à travers le centre de l'Espagne, afin de faciliter les relations internationales. Cette voie fut tracée par Oloron, la vallée d'Aspe, Can-

franc, le bassin de la petite rivière l'Aragon et Saragosse. C'était la restauration de l'antique voie romaine,
qui, selon l'itinéraire d'Antonin, passait à *Iluro* (Oloron), *Aspa-Luca* (Aspe), et aboutissait à *Cæsarea-
Augusta* (Saragosse). La réalisation de cette pensée
féconde sera l'une des conquêtes pacifiques de Napo-
léon III.

Nous devons avant tout rappeler l'état de la question en 1847.

Trois directions principales avaient été proposées
pour l'embranchement entre Dax et Pau:

1.º Le tracé des vallées de Luy et de l'Uzan, par
Sault-de-Navailles;

2.º Le tracé de la vallée du gave d'Orthez, par
Orthez, Peyrehorade et Port-de-Lanne;

3.º Le tracé de la vallée du gave d'Oloron, par Rébenac, Oloron, Navarrenx, Sauveterre, Peyrehorade
et Port-de-Lanne.

Chacun de ces tracés eut ses champions et ses
adversaires. A cette époque il était généralement
reconnu que l'embranchement de Pau à Dax devait
être la tête d'un chemin de fer Pyrénéen allant de
Bayonne à Perpignan par Toulouse. La compagnie
Faure, qui voulait soumissionner cette ligne, avait
fait faire des études par M. Lebens, ingénieur Belge.
Un mémoire de cet ingénieur fut répandu dans le
pays. Suivant ce mémoire, le chemin de fer Pyrénéen,
qui remplaçait avantageusement pour le département

des Basses-Pyrénées l'embranchement de Pau à Dax, devait aller de Pau à Peyrehorade en passant par Orthez. Ce projet de direction trouva de nombreux contradicteurs. Entr'autres documents qui furent publiés contre cette ligne, on remarqua trois articles, sans nom d'auteur, insérés dans le journal l'*Adour*, qui s'imprimait à Bayonne en 1846. Ces articles nous ont paru bien résumer la question et démontrer que la véritable direction d'une voie ferrée dans le département des Basses-Pyrénées serait celle du gave d'Oloron, en passant à Rébenac, Oloron, Navarrenx et Sauveterre. Seulement, à la différence de l'auteur de ces articles, nous pensons que cette tête du chemin de fer Pyrénéen peut sans inconvénient se détourner à Peyrehorade ou au Bec du Gave, et aller s'embrancher à la ligne de Bordeaux, vers Dax ou vers Bayonne, au lieu de se prolonger sur la rive gauche de l'Adour jusqu'à cette dernière ville.

Voici les trois articles du journal l'*Adour* :

PREMIER ARTICLE DU JOURNAL L'*Adour*.

» 15 novembre 1846.

CHEMIN DE FER DE TOULOUSE A BAYONNE.

» *Avant-projet de M. Lebens, ingénieur au service du gouvernement Belge, Enquête administrative ordonnée par M. le Préfet des Basses-Pyrénées, sur l'exécution de cet avant-projet.*

» Lorsqu'embrassant du regard l'étroit passage qui

sépare l'Océan de la Méditerranée, on relie par la pensée ces deux mers qui touchent à tous les points de notre double hémisphère, on comprend tout d'abord l'immense importance d'une grande voie de communication qui, unissant Toulouse, Bayonne et Perpignan, reporterait au pied des Pyrénées le détroit de Gibraltar. Bayonne auquel l'Océan ouvre déjà toutes les voies de l'Occident toucherait ainsi à l'Orient par Toulouse, le midi de la France et les ports méditerranéens, en même temps qu'il s'irradierait au nord et au midi par le chemin de Paris en Espagne. Le canal Galabert, transformé en railway et substituant la vapeur à l'eau de ses écluses, traverserait dans toute sa longueur le département des Basses-Pyrénées dont il toucherait presque toutes les villes importantes, les vivifiant au souffle ardent de son puissant moteur et donnant ainsi l'essor à toutes les richesses enfouies de nos contrées fécondes. De ce jour daterait une ère nouvelle pour notre commerce, notre agriculture et notre industrie.

» C'est sur ce projet vital si riche d'avenir que nous venons appeler l'attention de nos lecteurs. Un de nos amis, qui a fait une étude spéciale de cette question, nous adresse la première partie de son travail que nous nous empressons de publier: (1)

---

(1) Ce premier article n'offre aujourd'hui qu'un intérêt purement historique. Il n'est cependant pas inutile de le lire pour se rendre compte des vicissitudes de la question.

» Monsieur le Rédacteur,

» Vous avez publié dans votre estimable feuille une série d'articles sur le chemin de fer de Bordeaux à Bayonne et sur le chemin de fer pyrénéen qui ont excité l'attention de tous ceux qui s'intéressent aux progrès du pays.

» Mais ces articles on mis en relief cette triste vérité, qu'au milieu de ce feu croisé de projets, qui tous ont leurs partisans, il n'en est pas un qui réunisse une majorité composée d'hommes éminents de tous les départements qui seraient traversés par la voie de fer pyrénéenne. Ainsi il y a guerre de département à département, d'arrondissement à arrondissement, de clocher à clocher. Et pour ne nous occuper que du département des Basses-Pyrénées, voyez plutôt les luttes qui s'engagent entre les divers arrondissements et les villes de premier et de second ordre. Y a-t-il un projet appuyé par l'opinion générale? Nullement. L'opinion publique se forme lentement et en silence. Mais il est véritablement curieux de suivre le travail des esprits et les phases diverses de cette question.

» La ville de Pau s'empare tout d'abord de la question. Il faut, dit elle, une voie de fer au département des Basses-Pyrénées. La ligne naturelle de cette voie est de Dax à Pau le long de l'Uzan et du Luy de Béarn. Ce chemin sera un embranchement de la

— 9 —

voie de Bordeaux à Bayonne. Cette idée a fait fortune parce qu'elle a pris au dépourvu tous les autres
arrondissements et toutes les villes du département
qui ne s'étaient pas encore rendu compte de leurs
intérêts particuliers. Elle a même été portée à la tri-
bune de la chambre des députés par M. le ministre
des travaux publics (rapport présenté à la chambre
des députés le 24 avril 1846; voyez l'*Adour* du 2
mai 1846, n° 49); et dès-lors Pau a pu croire que
son embranchement allait triompher tel qu'il le pro-
posait.

Mais les oppositions ont surgi. Les conseils municipaux des villes de premier et de second ordre,
d'abord; les conseils d'arrondissement ensuite ont protesté contre le tracé indiqué par le chef-lieu du département. Chaque arrondissement, chaque ville a proposé un parcours nouveau pour cet embranchement
de Dax à Pau. Enfin le conseil général est devenu
l'arène de toutes ces opinions rivales et jalouses. Le
tracé du Luy n'a pas été heureux dans cette mêlée
de tous les représentants du pays. Il est clairement
résulté de la discussion de la question au sein du
conseil général que le projet de tracé le long du Luy
était une pensée égoïste de la ville de Pau qui voulait
confisquer à son profit tous les bienfaits de la voie
ferrée, se faire le cœur du département, le centre
d'où partirait et où aboutirait tout le mouvement
du pays et du commerce. Cette idée n'était pas sou-

tenable en face des représentants du département.
Aussi plusieurs champions de ce projet ont cru devoir
modifier leurs pensées et ils ont, faute de mieux,
proposé de faire parcourir au chemin projeté les bords
du gave de Pau et de lui faire traverser Orthez. Tel
est le second projet: Voie de Dax à Pau par Orthez
le long du Gave de Pau.

 « Le troisième projet rival de celui-là est celui proposé par les arrondissements d'Oloron et de Mauléon,
suivant lequel la voie ferrée irait de Pau à Oloron
et suivrait ensuite les bords du Gave d'Oloron vers
son point de jonction avec la grande ligne de Bordeaux à Bayonne. Ce projet n'ayant pas été étudié,
le conseil général a cru dans sa sagesse devoir ajour-
ner la question du parcours du chemin de fer dans
le département. Comme une conséquence de cet
ajournement, des études doivent être faites sur la
ligne proposée par les arrondissements d'Oloron et
de Mauléon. Le conseil municipal d'Oloron a même
voté (délibération du 24 juillet 1846) une somme de
2,000 fr. pour aider aux frais de ces études.

 » Nous venons d'exposer les trois projets principaux de tracés ; mais ces projets sont l'objet d'une
foule de modifications, et de rectifications qui sont
elles-mêmes autant de nouveaux tracés. — Il serait
trop long de les énumérer. Il y a donc anarchie
complète d'idées. On ne s'entend pas sur la ligne que
le chemin de fer doit parcourir dans le département,

— 11 —

on conteste également sur le point où il doit aller
s'unir à la grande ligne de Bordeaux à Bayonne. Car
les uns veulent que ce point de jonction soit près de
Dax, les autres à Peyrehorade, d'autres enfin dans le
département des Basses-Pyrénées, à Bayonne ou près
de Bayonne.

» Quoiqu'il en soit, il est reconnu que dans un
temps ou moins éloigné, une voie de fer doit relier
l'Océan et la Méditerranée, Bayonne avec Perpignan,
dans l'intérêt de la défense du territoire et dans
l'intérêt du commerce. Cette voie a sa ligne au pied
des Pyrénées. L'embranchement que Pau et les autres
cités des Basses-Pyrénées sollicitent sera-t-il la tête
de cette voie, et faut-il lier l'idée de cet embranchement avec celle de cette voie pyrénéenne, ou bien
faut-il, sans se préoccuper de cette voie d'intérêt
général, créer un embranchement particulier dans
telle ou telle partie du département des Basses-Pyrénées? Cette question mérite assurément un sérieux
examen. L'affirmative de la première proposition a
été soutenue et développée de la manière la plus
heureuse dans votre journal.

» Les choses en étaient à ce point, lorsqu'une
compagnie se présente un projet de chemin de fer
à la main. Ses études sont faites, ses conditions arrê-
tées: elle ne demande qu'une subvention du gouvernement, et dans trois ans elle crée un chemin
de fer de Toulouse à Bayonne. Cette compagnie se

flatte visiblement de grouper autour de sa voie la plus grande masse d'intérêts et de rallier la majeure partie des opinions dissidentes. Son projet est une sorte de transaction avec les embranchements désirés par les villes de Pau et de Tarbes. Il affecte aussi de trancher la question pyrénéenne puisqu'il relie Toulouse et Bayonne. Il se flatte sans aucun doute d'avoir pour lui le puissant patronage des deux villes qu'il a pour but d'unir, et le suffrage non moins utile des villes qu'il traverse. Il fait plus: il jette comme un appât, comme un leurre, aux opinions dissidentes des projets d'embranchement qui devront, dans l'avenir, compléter le vaste réseau des voies de fer des Pyrénées. Ainsi actuellement la compagnie ne veut exécuter que la grande voie de Toulouse à Bayonne, et un embranchement sur Foix; mais elle réserve pour l'avenir un embranchement de Foix à Tarascon, un autre de Tarbes à Agen, un autre de Dax à Oloron et un autre enfin de Bayonne à Irun. (Voyez le mémoire de M. Lebens, imprimé chez Deyroye et compagnie, à Bruxelles, 1846, page 3.)

» Par arrêté du 17 octobre dernier, M. le préfet des Basses-Pyrénées a ordonné une enquête administrative sur l'établissement de ce chemin de fer de Toulouse à Bayonne avec embranchement sur Foix. Il a ordonné l'ouverture de registres dans les secrétariats de la préfecture et des sous-préfectures d'Orthez et de Bayonne, pour recevoir pendant un délai d'un mois, les observations des intéressés; il a appelé la chambre de commerce de Bayonne à délibérer sur l'utilité et la convenance de l'opération; il a nommé une commission pour examiner les observations consignées dans les registres d'enquête, pour entendre l'ingénieur rédacteur du projet et les ingénieurs du département et toutes autres personnes que la commission voudra consulter, et enfin pour émettre un avis. Cet avis doit être donné dans le mois qui suivra la clôture des registres d'observations.

» L'apparition de cet arrêté de M. le préfet, qui a été provoqué par une invitation ministérielle, a étonné plusieurs personnes. Elles se sont demandé pourquoi, tandis que le conseil général avait ajourné toute décision sur cette question la plus importante, la plus vitale pour le pays, M. le ministre des travaux publics semblait vouloir trancher la question par l'adoption possible d'un projet dont le conseil du pays n'avait pas eu à s'occuper? On s'est demandé pourquoi, alors que le conseil général semblait vouloir attendre le résultat d'études nouvelles qui devaient être faites pour un tracé de Pau à Oloron et le long du cours du Gave de ce nom, on s'empressait de mettre pour ainsi dire aux voix devant une autre assemblée cette question vraiment départementale? Les défenseurs de l'arrêté ont dit que la ligne proposée dans l'avant-projet de M. Lebens n'avait rien de commun avec l'embranchement de Dax à Pau. C'était le projet d'une compagnie particulière auquel le gouvernement ne pouvait refuser la publicité légale pour le convertir plus tard en loi, s'il y avait lieu. Quel tort cette mesure purement préparatoire ferait-elle à tel ou tel projet? Il est facile de répondre. L'administration supérieure est toujours le seul et unique juge de l'opportunité des enquêtes administratives en matière de travaux publics. C'est à elle à en déterminer l'époque et le moment. L'administration pouvait donc disposer les choses de manière que les conseils généraux des départements intéressés à l'exécution de ce projet et notamment le conseil des Basses-Pyrénées, pussent être entendus. Ce premier point est incontestable; l'ordonnance du 18 février 1834 ne permet pas un doute là dessus. Cela posé, nous allons démontrer que le projet qui fait l'objet de l'enquête fournit à l'un des systèmes en présence un moyen d'écarter et d'anéantir le système contraire. Le projet de M. Lebens donne à la ville de Pau tout ce qu'elle peut attendre et espérer dans l'état des choses; car il est inutile, et les partisans les plus aveugles du chef-lieu du département le reconnaissent aujourd'hui, de songer plus longtemps aux bords de l'Uzan et du Luy. Cela étant, Pau doit forcément se liguer avec Orthez. Pour ces deux villes, l'avant-projet de M. Lebens est donc une bonne fortune. C'est un moyen honnète d'en finir avec les oppositions des populations sises sur les bords du Gave d'Oloron et au-delà vers les montagnes et avec les syndérèses du conseil général. Si la commission d'enquête trouve par hasard que le projet de M. Lebens satisfait l'intérêt départemental, tout étant d'ailleurs prêt pour l'exécution de ce projet, serait-on bienvenu plus tard, au nom d'une ville ou d'une population quelconques, à soutenir tel ou tel tracé nouveau ? L'un aura pour lui l'approbation d'hommes de l'art, le visa de la commission d'enquête et les instances d'une compagnie prête à mettre la main à l'œuvre, tandis que l'autre sera dénué de tous ces moyens. On le traitera d'intérêt de clocher, et si le conseil général n'arrive pas à temps pour lui rendre son importance, il passera inaperçu comme l'expression du vœu de quelques conseils municipaux.

» Or, il faut que l'opinion publique soit bien avertie. Dans deux mois l'enquête administrative sera terminée. Un mois au public pour dire et contredire et un mois à la commission d'enquête pour statuer. On pouvait donner au public quatre mois pour contredire (ordonnance du 12 février 1834, art. 5), on ne lui en accorde qu'un. Un mois ! c'est à peine le temps de lire les pièces et de se renseigner. La chose est grave pourtant, car il s'agit d'un chemin de fer pyrénéen ! La loi veut (art. 4 de la même ordonnance) que les membres de la commission d'enquête soient pris parmi les principaux propriétaires de terres, de bois, de mines, les négociants, les armateurs et les chefs d'établissements industriels. On ne peut nier que le choix des membres de la commission ne soit bon au point de vue des lumières et de la probité; mais ce qui frappe d'abord tout lecteur de l'arrêté préfectoral, c'est que, sur treize membres, l'arrondissement de Mauléon n'a pas un représentant dans la commission d'enquête, celui d'Oloron n'en a qu'un, seul, celui d'Orthez deux, celui de Bayonne quatre, et celui de Pau en a six! Cette disproportion est étonnante. N'aura-t-elle aucune influence sur les résultats de l'enquête? Nous le souhaitons. N'était-il pas convenable que l'arrondissement de Mauléon fût représenté au sein de la commission? Il peut du moins dire qu'il l'a été bien noblement au conseil général par son député, M. Daguenet, dont le rapport sur la ligne de l'embranchement de Dax à Pau est vraiment remarquable. Cet arrondissement, comme celui d'Oloron, possède des mines et fait un commerce assez considérable: il semblait naturel que ses intérêts fussent sauvegardés. L'art. 6 de l'ordonnance précitée eût aussi permis à M. le préfet de consulter la chambre consultative des arts et manufactures d'Oloron. Quoi qu'il en soit, il est du moins certain que les intérêts de la ville de Pau seront bien défendus. C'est déjà quelque chose sans doute; mais l'intérêt du département sera-t-il aussi bien protégé?

» Supposons que le véritable intérêt du pays soit que la voie ferrée, au lieu de suivre le tracé de M. Lebens, coupe le centre du département et passe à

Oloron et à Navarrenx, cette modification du projet
trouvera-t-elle des protecteurs bien zélés dans les six
membres de Pau et dans les deux membres d'Orthez,
ce nouveau parcours diminuant évidemment l'importance de ces deux villes ? Habitués malheureusement
que nous sommes à voir chacun défendre les intérêts
du clocher et les présenter comme l'intérêt général
(voir le rapport de M. Julien au conseil municipal
de Pau, au nom d'une commission composée de MM.
Manescau, maire, Adema, Bégué, Bonnemazon,
Casaubon, Julien, Latapie et Nogué), peut-on espérer que la commission d'enquête échappe à cette
loi de l'humanité? Un fait qui s'est produit naguère
nous présage ce qui doit arriver. A l'occasion de
l'embranchement de Dax à Pau le long de l'Uzan
et du Luy, une enquête administrative fut faite.
Composée en grande partie de notables de l'arrondissement de Pau, la commission d'enquête donna
un avis favorable. Le projet du Luy, aujourd'hui
répudié et presque unanimement repoussé, fut voté
d'enthousiasme. L'avant-projet de M. Lebens ne sera
pas moins heureux. Il ne rencontrera pas, nous le
croyons, de nombreuses oppositions soit en dehors,
soit au sein de la commission. L'intérêt de Pau et
d'Orthez étant satisfait, la majorité de la nouvelle
commission adoptera le projet avec conviction et
entraînement, comme la première avait adopté celui

de l'Uzan et du Luy. *E sempre bene.* M. le préfet, qui a choisi et nommé la commission, donnera un avis favorable sans doute. L'enquête administrative arrivera au ministère avant l'ouverture des chambres, et si la question financière n'arrête pas le projet de M. Lebens dans sa course avant la fin de la session prochaine, les villes de Pau et d'Orthez seront dotées d'une voie de fer qu'on appellera chemin de fer départemental, tête de chemin de fer pyrénéen, ligne stratégique et commerciale, etc. Mais nous croyons que la subvention demandée à l'état sera un obstacle pour l'adoption immédiate de ce projet. Il nous paraît aussi difficile de croire que des départements qui seront parcourus ou avoisinés par la ligne projetée, des réclamations, des oppositions ne s'élèvent pas. Cette compagnie aura donc le temps de modifier son tracé et d'étudier plus profondément la question du parcours dans le département des Basses-Pyrénées. Nous souhaitons qu'elle y fasse de grandes modifications, autant dans son propre intérêt que dans l'intérêt du pays. S'il est à désirer qu'un chemin de fer s'établisse, il est surtout à désirer que son parcours soit la ligne la plus utile possible aux intérêts généraux du pays. Alors aussi elle sera éminemment productive et paiera avec usure les sacrifices de ceux qui l'auront créée.

« Il nous reste à démontrer par des faits et par des chiffres que la ligne proposée dans l'avant-projet

de M. Lebens n'est point la ligne véritablement départementale, celle que la voie de fer doit suivre au point
de vue stratégique, au point de vue commercial, au
point de vue du service des établissements thermaux,
au point de vue des relations du pays avec l'Espagne,
enfin au point de vue de l'avenir des contrées que
cette voie a pour but de vivifier. Les destinées du
chemin de fer dans notre pays sont immenses: il faut
les bien comprendre. Ne faisons pas fausse route au
début, ce serait un mal irréparable. »   ***

DEUXIÈME ARTICLE DU JOURNAL L'*Adour*.

25 novembre 1846.

CHEMIN DE FER DE TOULOUSE A BAYONNE
SUIVANT L'AVANT-PROJET DE M. LEBENS.

» *Le parcours proposé pour le département des Basses-
Pyrénées n'est pas la véritable ligne départementale
au point de vue stratégique, commercial, du service
des eaux thermales, des relations avec l'Espagne et
de l'avenir du pays.*

» L'abandon de la ligne de l'Uzan et du Luy est
chose à-peu-près convenue. Il est reconnu que les
landes du Pont-Long sont peu dignes d'être traversées
par une voie ferrée qui se déroulera avec plus d'utilité et d'agrément le long de l'un ou de l'autre Gave.
Ce premier point obtenu est un fait immense, et il
faut reconnaître que cette concession de la ville de

Pau, quelqu'en soit le motif, fait faire un grand pas à la question.

» A côté de ce fait il s'en produit un autre non moins grave, c'est qu'il ne s'agit plus aujourd'hui d'un embranchement de Dax à Pau. Le chemin de fer, qui traversera le département des Basses-Pyrénées, est appelé à d'autres destinées que celles d'unir la ville de Pau à la grande ligne de Bordeaux à Bayonne. Échappant comme par enchantement aux bornes étroites et mesquines que Pau voulait lui imposer, ce projet de voie ferrée prend tout-à-coup les proportions gigantesques d'un chemin de fer pyrénéen, chemin à la fois national et départemental. La vérité se fait jour enfin. Les exigences de certains intérêts particuliers commencent à s'effacer de gré ou de force devant l'intérêt général.

» Ici il faut véritablement remercier M. Lebeûs et la compagnie dont il est l'agent. Leur avant-projet aura puissamment contribué à ce revirement de l'opinion. Ce n'est pas que, selon nous, ce projet, envisagé comme chemin de fer pyrénéen, soit complet. Non : il faudrait pour cela que cette voie reliât les deux points extrêmes des Pyrénées, Bayonne et Perpignan. Mais n'est-ce pas déjà beaucoup que d'avoir protesté contre les tendances égoïstes de certaines populations et de les avoir forcées de convenir qu'il y avait quelque chose de meilleur, de plus utile que leurs lignes particulières, c'était une ligne véritablement nationale et départementale? Ce second point ne peut manquer d'être adopté, nous le croyons du moins, par l'opinion publique. Nous sortirons donc peu à peu de ce chaos d'idées et de projets dont nous parlions dans notre premier article, et le véritable intérêt du département sera enfin compris.

» Dans l'ensemble, l'avant-projet de M. Lebens est bon et exécutable; mais dans les détails, il ne pourra échapper à de justes critiques. Le parcours qu'il propose, pour les Basses-Pyrénées notamment, est très-sujet à contestation.

» Une réflexion nous a tout d'abord frappé en jetant les yeux sur le plan qui est joint à l'avant-projet. Nous avons remarqué que le tracé qui, dans les départements de la Haute-Garonne et des Hautes-Pyrénées, se rapproche autant qu'il est possible des montagnes, qui de Bagnères décrit une courbe pour relier Tarbes et revient en toute hâte vers Lourdes paraissant avoir regret de quitter les Pyrénées, nous avons remarqué, disons-nous, que le tracé une fois parvenu aux limites du département des Hautes-Pyrénées, change subitement de direction, et, se détournant des montagnes, suit le Gave de Pau dans sa course capricieuse comme entraîné par ce torrent. Pourquoi dans la Haute-Garonne et dans les Hautes-Pyrénées suivre le pied des montagnes? Et pourquoi dans les Basses-Pyrénées se jeter dans la plaine ?

Vainement on cherche la raison de cette différence. On n'en trouve aucune.

» Reliez Pau comme vous avez fait pour Tarbes; à merveille. Mais ensuite revenez bien vite aux montagnes. Les mêmes motifs qui vous les ont fait longer jusqu'à Lourdes doivent vous les faire suivre autant que possible jusqu'à Bayonne. Considerez votre ligne comme ligne stratégique, comme ligne commerciale, comme ligne de service pour les eaux thermales, comme une ligne qui doit faciliter les relations du pays avec l'Espagne, comme une ligne enfin qui doit changer les destinées du département, visiblement sous tous ces points de vue, elle se détourne de sa véritable voie.

» *Ligne stratégique.* — Une ligne d'opérations militaires doit se rapprocher de la frontière qu'elle veut protéger. Plus elle s'en éloigne, plus elle risque de manquer le but qu'elle se propose. Il faut sans doute que la voie de fer facilite le mouvement des troupes d'un point à un autre, de Bayonne à Toulouse, à Tarbes, à Pau pris comme centres d'opérations; mais il faut aussi qu'elle puisse dans un cas donné échelonner en quelques heures une armée sur toute la frontière, il faut qu'elle vomisse instantanément dans chacune de nos vallées des torrents de soldats. Il faut qu'elle les porte aussi en avant qu'il sera possible, afin que la défense soit prompte et que le territoire ne puisse jamais être entamé,

» Si au contraire le railway se dirige directement de Pau vers Peyrehorade, il laisse à découvert toute la frontière espagnole du département: les deux arrondissements d'Oloron et de Mauléon, limitrophes de l'Espagne, restent tout-à-fait en dehors de la voie protectrice. Les routes qui, dans les vallées de ces deux arrondissements, ouvrent l'entrée du pays, le fort d'Urdos, Saint-Jean-Pied-de-Port, Oloron et Navarrenx sont découverts. Le chemin de fer est éloigné de près de deux journées de l'extrême frontière. Au moment du danger les troupes y arriveraient harassées et peut-être trop tard. On ne peut pas laisser ainsi en sentinelles perdues le fort d'Urdos, ce monument digne des Romains, Navarrenx qui, avec ses vieux remparts, a fait noble figure pendant l'invasion de 1814 ; Oloron et Saint-Jean-Pied-de-Port, points importants pour la défense du territoire. Sous Louis XIV, Vauban avait reconnu qu'il serait utile d'élever quelques fortifications sur les hauteurs qui dominent Oloron. Les mêmes observations ont été faites, il y a peu d'années par le génie militaire. A l'occasion de la création du fort d'Urdos, un plan de défense a été étudié pour cette partie du département.

» Toutes ces considérations puissantes pèseront dans la balance du gouvernement quand il s'agira de choisir une ligne. Les événements de 1814 et 1815 nous ont appris que les Pyrénées, à cause de leur éloignement du centre de la France, peuvent offrir accès non-seulement aux forces de l'Espagne mais encore aux armées étrangères qui, à titre d'amis ou d'ennemis, mettront le pied dans la Peninsule.

» *Ligne commerciale.* — Le parcours proposé de Pau à Peyrehorade dépouille le commerce du département des bienfaits de la voie ferrée. Après avoir traversé Pau, qui n'a jamais été considéré comme ayant une fort grande importance commerciale, parce que sa position topographique l'éloigne de l'Espagne et du centre du département, le railway ne rencontre sur son passage que la ville d'Orthez. C'est le seul grand centre de population qu'il visite. Le tracé d'Oloron et de la rive droite du gave de ce nom le placerait au contraire en plein centre du département. La voie ferrée toucherait à Oloron et à Ste-Marie-d'Oloron dont les populations agglomérées sont à-peu-près de neuf mille âmes; à Navarreux, qui en a 1800, à Sauveterre, qui en a 1600, et elle passerait à une lieue et demie de Salies, qui en compte 6000. Sur les bords du gave d'Oloron jusqu'à Sauveterre, dans un rayon de quatre kilomètres, se pressent de nombreux villages, dont la population, abstraction faite des villes que nous venons de nommer, atteint le chiffre de 30,000 âmes au moins, tandis que la population riveraine du gave de Pau jusqu'à Puyòo, dans le même rayon, n'est pas (abstraction faite d'Orthez) de 20,000 âmes. Ces deux chiffres seuls

démontreraient que l'importance de la première de
ces contrées, au point de vue commercial, est plus
considérable. Et si nous voulions, partant de Pau,
suivre notre voie de fer jusqu'à Bayonne, toujours
sur le territoire des Basses-Pyrénées, il ne serait pas
difficile d'établir que la population des villes et villages
que la ligne traversera ou avoisinera, dans un rayon
de quatre kilomètres, s'élève à 80,000 âmes, tandis
qu'en aval de Pau, la ligne du gave de ce nom ne
trouverait pas, dans le même rayon, jusqu'à la limite
du département, 30,000 âmes, Orthez compris. Mais
voici d'autres preuves. Le railway, longeant les
montagnes des Basses-Pyrénées, va à la rencontre
des débouchés des trois grandes voies du pays vers
l'Espagne, la route de Gabas, la route d'Urdos et la
route de Saint-Jean-Pied-de-Port. Le commerce du
pays avec l'Espagne, le commerce d'Oloron et de
Sainte-Marie-d'Oloron notamment, l'alimenterait en
lui confiant sans intermédiaires les provenances espagnoles. Le commerce seul des laines d'Espagne
fournirait au moins annuellement dix mille balles,
pesant en moyenne 80 kil. En outre, le pays basque
et la vallée de Barétous apportent à Oloron plus de
quinze cents balles de laine, qui en grande partie
sont dirigées sur Paris, partie pour la matelasserie,
partie pour les lisières des draps du nord. La vallée
d'Aspe fournit également environ mille balles de laine,
et la vallée d'Ossau environ huit cents. Toutes ces

productions du pays sont chaque année centralisées à Oloron et de là importées par le roulage, qui est lui-même une industrie importante dans le pays. On peut dire sans exagération que le seul commerce des laines, soit espagnoles, soit indigènes, qui se fait à Oloron, fournit au roulage, chaque année, environ un million de kilogrammes.

» La voie ferrée amènerait également à Oloron les marchandises destinées à l'exportation. Le chiffre annuel de ces marchandises de transit que reçoit le commerce oloronais peut être évalué également à 800,000 kil. au moins. Le commerce seul de Paris envoie chaque année plus de trois mille colis de quincaillerie destinés à être introduits en Espagne par Urdos et Lescun. Les tissus de coton qui s'expédient par Oloron, provenant tant des ventes faites par les maisons de la localité que des consignations des villes de Rouen, de Lille, d'Amiens, de Lyon, de Nîmes, et même de Bayonne, forment chaque année une masse énorme de transports. On ne doit pas se le dissimuler, dans aucun point de la France, le commerce de mer excepté, il ne se fait autant de transactions commerciales avec l'Espagne que dans la ville d'Oloron. La proximité de la frontière et la voie directe qui aboutit au centre de l'Espagne lui assureront toujours cette prérogative sur les autres villes pyrénéennes. Et puis des maisons puissantes, fondées depuis des siècles, soutiendront toujours avec

avantage, autant par leur intelligence et leur probité
proverbiale dans le commerce que par leurs riches·
ses, la faveur topographique de cette antique cité.

» On le voit, l'intérêt de ce commerce mérite qu'on
en prenne quelque souci. Mais il y a plus. Dans ces
vallées sont les principales richesses minéralogiques
métallurgiques du pays. C'est de là que sortent nos
fers à l'état de fonte ou même déjà de produits manufacturés (fil de fer, pointes, etc.), nos marbres à
peine connus, nos ardoises, les belles productions de
nos forêts propres à la mâture ou aux constructions
navales, nos bestiaux, etc., etc.; tout est là, enfoui,
inexploité et pour ainsi dire perdu pour la consom-
mation. C'est donc là aussi ou à Oloron, centre des
trois grandes vallées d'Ossau, d'Aspe et de Baretous,
qu'il faut des moyens de transport pour l'écoulement
de ces richesses naturelles.

» Oloron fait encore un commerce important de
peaux, de cuirs, de salaisons, de peignes, de ceintures,
de bonnets et de couvertures de laine, de draps gros-
siers vulgairement appelés cordeillats, et de toiles de
Béarn. Ainsi le commerce oloronais et les arrivages
des vallées fourniraient une masse de transports
incalculable à la voie ferrée. Dans les deux arrondissements d'Oloron et de Mauléon, il se consomme
chaque année une quantité considérable de vins provenant du Vicbilh, de l'Armagnac et du Languedoc.
La voie ferrée les voiturerait jusqu'au sein de l'ar-

rondissement d'Oloron et jusqu'à Navarrenx. A Navarrenx, la locomotive remorquerait les convois d'une
portion de l'arrondissement de Mauléon à Sauveterre;
il recevrait le reste des arrivages de cet arrondissement. Le commerce des céréales est considérable
dans ces deux villes, placées au milieu des vallées
du Gave, au centre du département. De là les grains
se répandent dans le pays; ils remontent surtout
vers les montagnes. La voie ferrée effectuerait une
grande partie de ces transports.

» Salies toucherait presque au chemin de fer, et
lui confierait ses sels renommés. Orthez lui-même
ne serait guère qu'à une distance de 16 kilomètres,
à vol d'oiseau. Ce tracé donnerait donc satisfaction à
tous les intérêts commerciaux du pays, tandis que
le parcours du gave de Pau laisse en souffrance tous
ces mêmes intérêts. La chambre de commerce d'Oloron
fera sans doute entendre des réclamations légitimes;
et M. le ministre du commerce les prendra, nous
l'espérons, en considération, car l'intérêt commercial
de la ville d'Oloron, ville de transit, se lie à l'intérêt
général du commerce du royaume avec la Péninsule.

» *Ligne de service des eaux thermales.* — L'une des
branches les plus productives pour le chemin de fer
pyrénéen, est le service des établissements thermaux.
Le besoin ou le plaisir attirent chaque année, de tous
les points de la France et de l'étranger, une foule
de visiteurs dans nos montagnes. Dans les départe-

ments de la Haute-Garonne et des Hautes-Pyrénées, le railway pyrénéen les transporterait au lieu de leur destination, comme ceux qui se rendraient à Bagnères-de-Bigorre, ou bien il les déposerait à l'entrée des vallées, aussi près que possible du but de leur voyage, comme ceux qui iraient à Bagnères-de-Luchon, à Barèges, à Cauterets, etc. Il ne ferait une différence que pour les baigneurs des Eaux-Bonnes et des Eaux-Chaudes ou autres établissements thermaux des Basses-Pyrénées. Pourquoi les déposer à plus de 40 kilomètres de leur destination? Cela peut faire le compte des maîtres-d'hôtel et des voituriers de Pau; mais ce qu'ils gagnent, le railway le perd. Si la voie ferrée, sortant de Pau, passait par la vallée du Nées et se dirigeait vers les montagnes, il transporterait les visiteurs des Eaux-Bonnes et des Eaux-Chaudes jusqu'à l'entrée de la vallée d'Ossau, à quelques kilomètres de ces établissements.

» Nous dirons donc à la compagnie: Calculez le nombre des voyageurs qui fréquentent annuellement les Eaux-Bonnes et les Eaux-Chaudes. Prenez la moyenne des frais du parcours qu'ils pourraient faire avec la locomotive, et vous trouverez qu'on n'exagère pas en portant de 25 à 30 mille francs la somme que vous devriez réaliser. Le nombre des baigneurs des Eaux-Bonnes seulement a dépassé deux mille pendant l'année 1846.

» *Ligne servant aux relations avec l'Espagne.* —

Trois voies principales mettent en communication la France et l'Espagne. La route de Bayonne à Irun nous introduit dans la Navarre, la route d'Oloron à Camfranc dans l'Aragon et la route de Perpignan dans la Catalogne. Ces trois voies correspondent à trois grandes cités espagnoles: Pampelune, Saragosse et Barcelonne. Saragosse est au nord de l'Espagne ce que Toulouse est au midi de la France. Cette ville très-commerçante sert d'entrepôt aux produits étrangers qui de l'Océan sont dirigés vers la Méditerrannée et *vice-versâ*. C'est là aussi que se concentre la majeure partie des produits indigènes destinés à être exportés vers la France. La route de Jaca et de Camfranc est celle qui sert principalement à écouler ces produits. Aussi de tous les temps Oloron et Saragosse Oloron et Jaca ont eu des relations d'affaires journalières et fort étendues.

» La route d'Oloron à Saragosse a également servi aux relations internationales sous l'Empire et pendant les derniers mouvements carlistes, lorsque les partisans de Don Carlos occupaient la Navarre et la Biscaye. Elle méritait donc de fixer l'attention des deux gouvernements. Cette route, classée sous le nom de route royale n.º 134, est à-peu-près terminée et en parfait état de viabilité, du côté de la France. De l'autrecôté des Pyrénées, c'est un mauvais chemin presque impraticable; mais un décret récent de la reine et les bonnes dispositions de la junte d'Aragon font espérer que dans un avenir très-prochain cette voie de communication sera aussi sûre et aussi commode que les meilleures routes de l'Espagne. Le commerce du pays est très-intéressé à cette amélioration.

» Si la voie de fer est placée près de cette route, à Oloron, le mouvement commercial comme celui des voyageurs s'accroîtra. C'est un fait d'expérience que tout chemin de fer a donné une singulière impulsion à l'esprit de locomotion. Une grande partie des voyageurs espagnols, au lieu de choisir la voie de mer pour se rendre dans le midi de la France, en Italie et en Allemagne, ira prendre la voie ferrée à Bayonne ou à Oloron. Plus on rapprochera cette voie de l'Espagne, plus on sollicitera nos voisins d'en user. Cette voie aidera aussi les relations de Bayonne avec l'Aragon. Le commerce bayonnais, au lieu de faire voyager les laines qu'il tire de l'Aragon et de la Castille à travers les provinces Basques, trouvera plus d'avantage à les faire diriger en droite ligne vers le railway qui d'Oloron les portera à Bayonne.

» *Ligne qui doit changer les destinées du pays.* — Nul ne peut prévoir l'influence que doit exercer la création d'un chemin de fer sur les destinées d'un pays. On ne peut pas ici raisonner du connu à l'inconnu. La création d'un chemin de fer est une révolution, une véritable transformation sociale. Les rapports de peuple à peuple, de contrée à contrée, sont entièrement changés, bouleversés. On a cru d'abord que ce changement serait tout à l'avantage des grands centres de population, où tout serait attiré; mais naturellement et par la force des choses, il y a flux et reflux dans l'agitation produite par les chemins de fer.

» Il est impossible que nos contrées ne changent pas entièrement de face, si cette voie pyrénéenne s'établit sur tous les points les plus convenables pour aider au développement du commerce, de l'agriculture, de l'industrie, du service des eaux thermales et des relations de la France et de l'Espagne.

» Le commerce du pays grandira, parce que ce sont précisément les moyens de transport qui lui manquent: l'importation et l'exportation surtout seront plus considérables. L'industrie trouvera dans plusieurs de nos vallées des contrées vierges où elle pourra déployer toutes les ressources de son génie inventif. Elle fouillera les profondeurs de nos montagnes pour découvrir les richesses minéralogiques qu'elles recèlent. Les nombreux ruisseaux qui s'échappent du sein de ces monts et vont, inutiles et solitaires, se perdre dans les eaux du Gave, deviendront les agents moteurs d'une foule d'usines qui mettront en œuvre ces matières diverses. Quelques rares usines apparaissent çà et là dans les arrondissements d'Oloron et de Mauléon: les autres arrondissements ne sont guère plus avancés. Il faut, toutefois, faire une exception pour Nay, petite ville toute industrielle. La voie ferrée, en [comblant les distances qui séparent les Pyrénées des pays industriels, attirera les capitaux vers ce pays privilégié où se trouvent réunis les matières premières et les moyens de les transformer. En amenant les capitaux étrangers, la voie ferrée accroîtra aussi la valeur du sol : la propriété foncière se relèvera du discrédit dans lequel elle est tombée à cause de la rareté du numéraire. Des terrains incultes considérables existent dans le département. La ville d'Oloron seule en possède environ deux mille hectares. Ces terres, d'autant plus faciles à exploiter et d'autant plus estimables qu'elles seront dans le voisinage du railway, fourniront un aliment précieux à l'industrie agricole. Elles offrent, d'ailleurs, par les gisements de pierre calcaire et de tourbe qu'elles renferment, de puissants moyens de fécondation.

» La voie ferrée liant les montagnes avec les parties de notre département voisines des Landes, servirait à rétablir l'équilibre dans le prix des foins qui, plus abondants dans les arrondissements d'Oloron et de Mauléon que dans tous les pays circonvoisins, se vendent 6 fr., 5 fr, 50 c. et même au-dessous les 100 kilogr., lorsqu'à Orthez et à Bayonne ils sont aux prix de 10 fr. Encore faut-il noter que, si la vente des produits était assurée à un prix raisonnable, la production du fourrage serait bien plus considérable, la terre des vallées étant essentiellement fourragère.

» Nos eaux thermales, les Eaux-Bonnes et les Eaux-

Chaudes, connues dans toute l'Europe, et quelques
autres sources, notamment les eaux de Saint-Christau,
spéciales pour les affections dartreuses et cutanées,
n'ont besoin que d'être rapprochées par la voie ferrée
des contrées les plus lointaines pour voir affluer dans
leurs établissements un nombre double, triple, décuple
peut-être de visiteurs.

» Enfin, si l'Espagne, échappée aux discordes
civiles et recouvrant la paix et la liberté, peut offrir
aux voyageurs français et étrangers une sécurité complète, le commerce, l'étude des monuments des arts,
le désir de voir ces magnifiques contrées y attireront
sans cesse de nombreux voyageurs.

» Placez donc le chemin de fer près des montagnes
et aussi près qu'il sera possible de l'Espagne. Le véritable tracé départemental est de Lourdes à Nay, de
Nay à Pau, de Pau à Oloron, en passant par la
vallée du Nées, d'Oloron par Navarrenx, Sauveterre,
Salies, Came, Bidache, Guiche et Urt à Bayonne.

» Nous croyons avoir suffisamment démontré que
la voie ferrée se détourne de sa véritable ligne en
abandonnant le voisinage des montagnes. Les richesses
de notre contrée, son commerce, les eaux thermales,
les relations de la France avec l'Espagne, l'avenir
du pays, tout est là.

» Le tracé que nous indiquons donne une juste
satisfaction à tous les intérêts du département, et son
exécution n'est pas impossible.

» Nous développerons ces deux propositions dans un troisième et dernier article. »　　***

TROISIÈME ARTICLE DU JOURNAL L'*Adour*.

9 décembre 1846.

CHEMIN DE FER DE TOULOUSE A BAYONNE

SUIVANT L'AVANT-PROJET DE M. LEBENS.

» *Le parcours de la vallée de Nay vers Pau, de Pau à Oloron par le bassin du Nées, Rébénacq et Buzy, d'Oloron par Navarrenx, Sauveterre à Bayonne donne une juste satisfaction à tous les intérêts du département. — Cette ligne est exécutable.*

» Notre première proposition n'est que le complément de celle qui a fait l'objet de notre précédent article.

» La voie ferrée débouchant avec le gave dans la vallée de Nay offre à ces contrées, si riches par la fertilité de leur sol et par leur industrie, le moyen d'écouler leurs produits de toute espèce. Nay a son courant naturel vers Pau. La grande et la petite cité, liées de tout temps par de nombreuses relations, seront pour ainsi dire réunies par le railway. En réalité, Nay deviendra un faubourg de Pau.

» Pau, chef-lieu administratif et judiciaire du département, trouve dans le parcours que nous indiquons une ligne qui le rattache tout à la fois aux extrémités et au centre du pays. Ce que la commission du conseil municipal de Pau, dont nous avons parlé dans notre premier article, disait en parlant de la ligne du Luy, nous pouvons avec plus de vérité le dire du tracé que nous proposons : « Les communications incessantes de Bayonne avec Pau, siége de l'administration, seront rendues aussi promptes et faciles que possible pour tous les besoins du gouvernement, de l'administration et de la justice ; et le cas échéant, pour les mouvements stratégiques des troupes de la division militaire, dont le chef-lieu est à Bayonne. » Mais ce ne seront pas seulement les relations de Pau avec Bayonne, ce seront encore les rapports de tout le département avec le chef-lieu qui deviendront d'autant plus incessants que la voie de fer fournira à la majeure partie des habitants des Basses-Pyrénées le moyen de se transporter à Pau dans l'espace de quelques heures. La préfecture, la cour royale, les assises, seront la cause d'un mouvement journalier et considérable sur cette ligne centrale. Le pays restera dans l'avenir et sans répugnance ce qu'il a toujours été à contre-cœur, le vassal d'un chef-lieu éloigné. Chacun y sera à son tour appelé par ses affaires et s'y rendra pour les traiter. Et le commerce de Pau, qui consiste principalement dans des objets d'ameublement, de décoration et de luxe, en deviendra d'autant plus florissant. Sous ce premier point de vue, Pau ne peut manquer d'acquérir une grande importance. — Le concours d'étrangers qui viennent se fixer pour un temps ou même à demeure dans cette ville sera d'autant plus grand que la voie, se rapprochant des montagnes, sera plus voisine des eaux thermales et de l'Espagne. Pau, avec son site enchanteur, son château royal, ses beaux hôtels, ses promenades, les maisons de campagne qui l'entourent, ses habitudes parlementaires, ses plaisirs, ses fêtes, ses courses, a une sorte d'individualité tout-à-fait à part, qui la distingue de toutes les autres villes du département. Aussi depuis que dans ces derniers temps les étrangers l'ont connu en fréquentant nos eaux thermales, plusieurs s'y sont établis à cause de la beauté du pays et de l'agrément du séjour de cette ville. Ces avantages, la voie ferrée ne peut pas les détruire: elle doit les faire de plus en plus connaître et apprécier.

» Mais pourquoi faut-il qu'aspirant à d'autres destinées, cette ville veuille se faire le centre du pays, l'entrepôt du commerce de nos frontières et se substituer ainsi à des villes qui ont des droits consacrés par le temps? Ces espérances, ces prétentions égoïstes, la commission du conseil municipal de Pau les consignait, dans le rapport précité, en ces termes:

« A Pau seront amenées et réunies les provenances
» considérables d'Espagne que les échanges et le transit
» concentrent à Oloron; les expéditions du surplus du
» département, ses marbres de Louvie, de Gabas et
» d'autres lieux, ses pierres de taille pour les cons-

» truclions, ses ardoises, ses belles dalles, ses chaux
» grasses et hydrauliques, ses plâtres, ses vins de Juran-
» çon et du Vicbilh, ses fers forgés, ses cuirs et autres,
» pelleteries, ses laines, ses salaisons considérables, les
» produits manufacturés de lin, de coton et de laine,
» provenant de nombreux établissements industriels,
» qui, depuis quelques ans, se sont créés dans l'arron-
» dissement; les farines des minoteries de Jurançon et
» de Nay, les bois de chêne et de sapin qui peuvent
» être exportés pour les constructions et pour les chan-
» tiers maritimes.

» A Pau aussi arriveront directement, en retour,
» toutes les matières expédiées d'ailleurs pour ces
» mêmes lieux. »

» Ces considérations sont également reproduites dans les motifs de la délibération prise par le conseil municipal de Pau, lorsqu'il demanda l'embranchement vers Dax le long du Luy. Ainsi Pau serait le centre du commerce et de tout le mouvement du pays. Mais vouloir ainsi changer et transformer subitement le caractère et les habitudes d'une ville, c'est plus qu'une pensée mauvaise, c'est un véritable danger; en cherchant à accaparer tout le mouvement du pays, on risque d'éloigner cette population flottante qui fait la richesse de la ville de Pau. Ces étrangers, qui aiment la paix et la vie tranquille de cette population au milieu de laquelle ils peuvent dépenser leurs loisirs et leurs revenus sans ressentir les inconvénients des grandes villes, ne fuiraient-ils pas ce séjour, lorsque cette cité serait devenue l'embarcadère et le débarcadère du département? Cette agitation, ce tumulte d'affaires n'effraieraient-ils pas ces hommes avides de repos autant que de plaisirs?

» Pau est donc, selon nous, admirablement placé pour profiter, comme chef-lieu, du mouvement que le railway pyrénéen imprimera à notre population départementale, et, comme un séjour attrayant, du désir que les étrangers, amenés par la voie de fer, pourront avoir de se fixer dans nos contrées. Au moyen de cette voie, la ville de Pau se trouve en relation avec Toulouse et les départements voisins, avec la majeure partie du département, avec les eaux thermales et avec l'Espagne: n'est-ce donc pas assez? Pourquoi se montre-t-elle si soucieuse du parcours de la voie de fer que, ne pouvant la chasser par les bords du Luy, elle la congédie en ligne droite par Orthez, comme inquiète de lui voir fouler le territoire départemental? Qu'elle l'abandonne à son cours naturel.

» En sortant de Pau, l'intérêt départemental jette la voie de fer vers les montagnes et vers Oloron. Les avantages de ce tracé, les intérêts nombreux et puissants qui se rattachent à cette ligne, ont été analysés avec tant de détails dans notre dernier article, que nous n'insisterons pas plus longtemps sur ce point. Il nous faut seulement répondre aux considérations que le *Mémorial des Pyrénées* présente dans son numéro du 22 novembre, et qu'il emprunte à un mémoire de M. Colomès, ingénieur des ponts et chaussées. « M. Colomès s'est demandé, dit le *Mémo-* « *rial*, s'il était possible d'abandonner la vallée du « Gave pour remonter à Oloron, et faire décrire ainsi « au chemin une inflexion considérable. Les difficultés « d'exécution; les pentes considérables imposées par « les accidents de terrain, un tunnel de 1,000 ou « de 1,200 mètres, selon la direction qu'on adopte- « rait, et par-dessus tout un allongement de 44 « kilomètres sur le trajet général (1), ne lui ont « pas permis d'hésiter à répondre par la négative.

« Il ne faut pas songer à contraindre Tarbes ou « Pau à passer par Oloron pour aller à Bordeaux. « Sans doute les intérêts d'Oloron méritent quelque « attention ; mais ils pourront être satisfaits sans « préjudice pour l'avantage général, par un embran- « chement sur Pau passant par Labastide et Monein « ou bien par Rébénac. »

» Nous traiterons tout-à-l'heure les difficultés d'art; occupons-nous en ce moment de la différence en longueur que le parcours par Oloron ajoute au che- min de fer pyrénéen. — Si un chemin de fer avait pour but de résoudre ce problème: trouver la ligne la plus courte d'un point à un autre sans nul souci

---

(1) En admettant les calculs les plus exagérés, le tracé de Pau à Peyrehorade par Oloron aura de 25 à 50 kilomètres de plus que le tracé par Orthez.

du parcours intermédiaire, nous comprendrions le projet de chemin par Orthez ou même mieux le projet du Luy. Mais tel n'est pas le but d'une voie ferrée et surtout le but d'une voie qui doit être tout autant une ligne départementale qu'une ligne nationale.

» M. Colomès ne poursuit qu'une idée dans son mémoire: il voudrait faire transiger Tarbes avec Pau sur leurs embranchements particuliers vers Dax et Mont-de-Marsan, et établir ensuite une voie commune qui relierait Auch, Tarbes et Pau avec la grande ligne de Bordeaux. Or, pour arriver à ce résultat, il faut à M. Colomès une ligne aussi droite, aussi courte que possible vers la voie de Bordeaux. Il est permis de douter que la transaction, proposée par cet ingénieur et tout à l'avantage de Pau, s'opère. Tarbes renoncera difficilement à son embranchement pour se mettre à la remorque de son ancienne rivale, elle qui, d'ailleurs, a eu de tout temps un courant naturel et direct d'affaires par sa route de Bordeaux. La ligne pyrénéenne est donc indépendante de l'embranchement de Tarbes sur Mont-de-Marsan, et si dans le département des Basses-Pyrénées elle compromet l'existence de l'embranchement de Dax sur Pau, c'est qu'en effet cet embranchement devient une superfétation, la ligne pyrénéenne reliant Pau avec la voie de Bordeaux et servant des intérêts plus étendus que l'embranchement sur Dax. M. Colomès peut donc

laisser aller la voie pyrénéenne de Tarbes à Lourdes,
de Lourdes à Pau, à travers la vallée du Gave. Il
devrait sacrifier les avantages de ce parcours à la
rapidité des communications entre Tarbes et Pau, de
même qu'un peu plus loin il sacrifierait à l'idée d'une
ligne droite l'intérêt des arrondissements d'Oloron et
de Mauléon. Il est vrai que, pour dédommager ces
contrées, M. Colomès, et le *Mémorial* après lui pro-
posent un embranchement de Pau à Oloron; mais
cet embranchement ne répondrait qu'imparfaitement
aux besoins de l'arrondissement d'Oloron et nullement à ceux de l'arrondissement de Mauléon, ainsi
que nous le prouverons tout-à-l'heure.

» La véritable voie pyrénéenne dans notre département sera celle qui traversera le cœur du pays,
après s'être autant que possible rapprochée des montagnes. Si son parcours est plus long, c'est un fort
mince inconvénient qui est plus que compensé par
les immenses avantages résultant de ce tracé.

» En effet, si l'on considère qu'un grand nombre
de voyageurs, les voyageurs de commerce en particulier, devront stationner dans le trajet de Pau à
Bayonne et *vice versa*, soit à Oloron, soit à Navarrenx, soit pour se diriger vers les vallées, vers Mauléon
et St-Jean-Pied-de-Port, etc, on verra que, pour ces
voyageurs, l'économie de temps et d'argent est en
réalité dans l'établissement de la ligne que nous proposons. Si l'on considère ensuite qu'en imposant à

l'habitant de Pau qui va joindre la ligne de Bordeaux, ou à l'habitant de Bayonne qui se rend à Pau, un parcours plus long et une dépense plus forte, on allége d'autant les nombreux habitants du pays que cette ligne centrale visitera, on verra que ce sacrifice tourne précisément au profit de ceux qui le font, qu'il est bien plus que racheté par le courant de relations et d'affaires qui s'établira entre le département et Pau et également entre le département et Bayonne; ces deux villes étant ainsi placées, ainsi isolées dans l'état des choses, que, ce n'est qu'à gros frais et avec une perte de temps considérable que du centre du département et à plus forte raison, d'une grande partie de la circonférence, on peut s'y transporter. Ces vérités incontestables méritent une sérieuse attention et font justice de cet argument pris du surcroît de temps et de dépense imposé à l'habitant de Pau.

» M. Daguenet répondant au nom de la commission du chemin de fer, à cette même objection présentée par le conseil municipal de Pau, disait au conseil général: « On objecte que le tracé par le Gave » d'Oloron aurait le grave inconvénient de faire passer » Pau par Oloron, et de soumettre ainsi ses voyageurs » et ses marchandises à un parcours plus étendu. Le » fait est vrai; c'est là une grave considération qu'il est » juste d'apprécier dans l'intérêt du chef-lieu, mais que » le conseil général, représentant et protecteur des » intérêts généraux du département et se plaçant à un

» autre point de vue qu'un conseil municipal ne doit
» cependant pas isoler d'une autre considération qu'on
» peut résumer de la manière suivante: Faut-il, pour
» procurer une économie de parcours et de frais à la
» ville de Pau, à sa banlieue, priver complètement des
» avantages de l'embranchement promis par le projet
» de loi les deux arrondissements d'Oloron et de Mau-
» léon et une partie notable de celui d'Orthez, formant
» une masse de 250 communes et de 200,000 âmes de
» population?

» Si Pau, passant par la vallée d'Oloron, est obligé
» de suivre une courbe plus longue et plus onéreuse,
» Oloron, passant par Pau, souffre le même préjudice;
» ses vallées sont sans issue; la portion du département
» riveraine du Gave et tout le pays basque sont dés-
» hérités de l'avantage de l'embranchement. »

» Cet argument, qui paraissait si fort alors qu'il
s'agissait de l'embranchement vers Dax, n'est-il pas
insurmontable aujourd'hui qu'il s'agit non plus d'un
embranchement *de Pau* à Dax, mais d'une voie
pyrénéenne? La longueur du parcours n'est donc
point à considérer en présence de l'intérêt général
du département.

» Cet intérêt est tellement engagé dans la question
de ce tracé qui coupe le centre du pays, que toutes
les villes de premier et de deuxième ordre et toutes
les populations du département, Orthez et la vallée

du Gave de Pau exceptés, doivent désirer que cette voie soit établie.

» Orthez lui-même n'en est pas à une telle distance qu'il puisse se dire entièrement privé des avantages du chemin de fer. Il en est bien plus près que ne le serait Oloron si le chemin passait par Orthez. Il y a plus, c'est que les deux cantons les plus populeux de son arrondissement sont traversés par la ligne. Le courant d'Orthez s'établira naturellement vers Salies; il ira rejoindre le railway dans le voisinage de cette ville. Quel est le parcours qui puisse autant que le nôtre concilier, ménager tous les intérêts?

» Quelques-uns ont proposé un tracé qui leur a paru un *mezzo termine* entre les prétentions rivales des villes d'Oloron et d'Orthez et des vallées des deux Gaves. Plaçons, se sont-ils dit, le chemin de fer entre les deux villes, à distance égale ou à-peu-près égale. Qu'il longe d'abord le Gave de Pau et que de là il s'élance vers le Gave d'Oloron, vers Navarrenx, point central du cours de cette rivière. C'est là un faux aperçu. Ce chemin, non moins difficile au point de vue de l'art, d'une création non moins dispendieuse que celui que nous proposons, fait tort à tout le monde: il blesse tous ceux qu'il cherche à accomoder. Ainsi, pour l'arrondissement d'Oloron, il s'éloigne des vallées, des eaux thermales, de la route d'Espagne; les villes d'Oloron et de Ste-Marie-d'Oloron en sont presque aussi éloignées que de Pau; autant vaudrait pour elles aller prendre la voie de fer à Pau. Orthez ne gagnera rien de plus à ce parcours que ce que notre projet lui donne.

» Il est encore à remarquer que cette voie détourne, contrarie et bouleverse tous les rapports établis. Le courant des relations d'Oloron avec Navarrenx et le pays basque est détourné, le courant de Pau avec l'arrondissement d'Oloron contrarié. Ce projet ne répond à aucun des besoins de ces contrées, parce qu'il tend à créer une voie fausse, une voie qui n'est pas naturelle. Aussi nous croyons qu'Orthez et Oloron seront d'accord pour repousser cette ligne bâtarde et demanderont tout ou rien, c'est-à-dire que le railway passe ou à Oloron ou à Orthez.

» Nous repousserons également ces projets d'embranchement de Pau vers Oloron, soit par Labastide-Cézéracq et Monein, soit par Lasseube, soit enfin par Rébénac. La promesse de cet embranchement n'est visiblement qu'un leurre dans la bouche de ceux qui la font. Il ne faut que leur demander quand se fera cet embranchement dont ils reconnaissent la nécessité, et l'on verra alors ce qu'on pourrait attendre de ces engagements en l'air. — Un embranchement par Labastide-Cézéracq et Monein? Les mêmes motifs qui nous faisaient tout-à-l'heure repousser le projet de la ligne pyrénéenne à travers ces parages s'opposeront à la création de cet embranchement. De plus, le service des eaux thermales, la vallée d'Ossau avec ses produits considérables (1), la route de Gabas vers l'Espagne, seraient abandonnés par l'adoption de ce tracé. Mêmes inconvénients avec le tracé de Lasseube. L'embranchement par Rébénac, s'il satisfaisait les intérêts dont nous venons de parler, ne répondrait nullement aux besoins du pays basque et de la vallée du Gave d'Oloron, entièrement déshéritée des bienfaits du railway par ce système d'embranchement sur Oloron. Ce reproche est commun aux trois embranchements proposés. Il faut donc combattre tous ces projets d'embranchements. De deux choses l'une, en effet, ou Oloron et le pays qui l'avoisine sont assez importants pour être sillonnés par un chemin de fer, ou leurs relations ne méritent pas une pareille faveur. La première hypothèse est unanimement admise. Mais s'il en est ainsi, pourquoi la voie pyrénéenne ne relierait-elle pas ces contrées populeuses et éminemment commerçantes? Est-ce parce que cette ligne centrale vivifierait en même temps la majeure partie du département? C'est là ce que ne veulent pas comprendre ceux qui craignent que les compagnies soumissionnaires, si elles sont libres de choisir un parcours, n'adoptent le tracé que nous proposons. Ne voient-ils pas que la ligne la plus productive est, en définitive, toujours préférable, puisqu'elle sert une plus grande masse d'intérêts? Et puis, ce qui

____

(1) L'industrie marbrière a un immense avenir dans cette vallée.

semble aujourd'hui l'intérêt privé d'une compagnie deviendra dans quelques années un intérêt public, lorsque, le terme de la concession arrivé, le chemin tombera dans le domaine de l'état.

» Nous avons successivement parcouru, avec le tracé que nous proposons, les arrondissements de Pau, d'Oloron et d'Orthez, et nous avons, à une distance de quelques kilomètres, longé dans toute son étendue celui de Mauléon. Quelques mots sur l'arrondissement de Bayonne.

» Bayonne, bien plus encore que Pau, doit désirer d'être rattaché au centre et aux extrémités du département par la voie qui traverserait le pays. Port de mer, ville frontière, chef-lieu de la division militaire, place forte, siège de l'évêché diocésain, Bayonne, qui est véritablement une grande ville, attire sans cesse un grand concours d'étrangers et d'habitans des pays circonvoisins. Dans l'état des choses, elle n'a rien à envier aux autres villes du département, mais que ne lui réserve pas pour l'avenir l'établissement simultané, sans doute, de la grande ligne de Bordeaux et de la ligne pyrénéenne? Notre tracé ferait de cette cité la tête du chemin de fer pyrénéen, comme elle doit être la tête de la grande ligne de Bordeaux.

» Telle est la ligne que l'intérêt départemental nous semble indiquer, et celle qui donne une ample satisfaction à tous les intérêts généraux et particuliers, à la stratégie, au commerce, à l'industrie, au service des eaux thermales, aux relations avec l'Espagne, aux besoins de la grande majorité des populations du département, enfin à l'avenir du pays.

« *Cette ligne est-elle exécutable? — L'affirmative nous paraît certaine.*

« La possibilité d'exécution d'une voie de fer dans » le bassin du Gave entre Oloron et Peyrehorade, par » Navarrenx et Sauveterre, paraît être hors de toute » contestation. La difficulté consiste à savoir si cette » possibilité existe, et à quel degré, entre Oloron et » Pau. » (Rapport déjà cité de M. Daguenet au conseil général.)

» La section entre Pau et Oloron est, sinon impossible, du moins difficile à établir. Cette opinion émise par l'ingénieur en chef du département n'était appuyée, lorsqu'elle fut énoncée, il y a quelques mois, *sur aucun document.* Car ce parcours n'avait été jusqu'alors *l'objet d'aucune vérification.* Nous empruntons ces expressions au rapport précité de M. Daguenet.

» Tous ceux qui connaissent le pays ont pu voir que la seule difficulté à vaincre, entre Pau et Oloron, en adoptant le tracé que nous proposons, est dans le passage de la vallée du Nées dans celle du Gave. Un contrefort ou monticule assez considérable sépare ces deux bassins. Trois moyens s'offrent à l'homme de l'art pour triompher de cette difficulté: un tunnel, une tranchée, une rampe à plan incliné. Le tunnel aurait de 800 à 1,000 mètres de longueur seulement, si au moyen d'une pente douce et peut-être aussi de quelques travaux d'art, on arrivait jusque sur *l'ancienne propriété de M. Pommé*. Là serait l'entrée de cette voie souterraine, et la sortie serait à *la croix de Buzy*. De ce point on pourrait également, par une pente douce pratiquée sur le flanc de la montagne, ou par un viaduc, descendre dans le vallon de Buzy, d'où le railway s'étendrait sur une plaine continue jusqu'à Oloron, au moyen seulement de quelques petits ponts jetés sur deux ou trois faibles ruisseaux. Si le contrefort ne recèle pas dans son sein des obstacles qu'on pourrait découvrir avec la sonde avant de le percer, l'opération ne serait ni fort longue ni fort coûteuse.

» Si au tunnel on préférait une tranchée à ciel ouvert, on pourrait très-facilement, nous le croyons, prévenir les éboulements en donnant aux talus une inclinaison nécessaire. La constitution géologique de ce monticule devrait pleinement rassurer sur ce point. Mais cette tranchée serait un travail énorme, à cause de l'immense déplacement de terres qu'elle nécessiterait. Le troisième moyen par lequel on rachèterait la hauteur de ce contrefort serait une rampe à plan incliné, décrivant une courbe d'un rayon assez étendu, et qui serait desservie par des machines fixes à basse pression et à condensation, comme celles proposées par M. Lebens (avant-projet, page 54) pour le service des plans inclinés du vallon du Luy, dans les Hautes-Pyrénées; ou bien, adoptant le système appliqué avec un succès complet au chemin de fer de Sceaux par M. Arnoux, on gravirait le monticule au moyen de quelques lacets à petits rayons; ou bien encore on desservirait le plan incliné par une locomotive, suivant le système inventé par M. Flachat. Une forte machine locomotive, l'*Hercule,* construite suivant le système de M. Flachat, a fonctionné, dans le mois de juin dernier, sur le chemin atmosphérique de Saint-Germain, aux applaudissements de M. le ministre des travaux publics et de plusieurs notabilités appartenant à la science, à l'administration et aux chambres. Cette voie atmosphérique, qui présente plusieurs points différents, variant de 0 à 35 millimètres par mètre et qui est terminée par une courbe de 400 mètres, n'avait été jusque-là desservie que par d'immenses machines fixes, créées tout exprès, de la force de 400 chevaux, de 5 en 5 kilomètres. Aussi on comprend que c'était un véritable événement que de voir fonctionner et courir sur cette même voie une locomotive traînant après elle quatre voitures et franchissant, avec une vitesse de plus de 30 kilomètres à l'heure, ce parcours de 1,900 mètres qui relie le bassin de la Seine avec le plateau de Saint-Germain et qui rachète une différence de niveau de 54 mètres! Cette élévation énorme, à laquelle on ne saurait comparer la hauteur du contrefort qui sépare la vallée du Nées de la vallée du Gave ayant été franchie avec une extrême facilité, on peut dire, sans crainte de se tromper, que, dans l'état actuel de la science, la difficulté dont on paraît tant se préoccuper n'en est pas une. Sans doute le fait que nous venons de raconter n'est qu'une simple expérience qui devrait être renouvelée plusieurs fois avec des convois plus considérables et avec d'autres locomotives, d'autres pentes et d'autres courbes; mais il est évident que de ce seul fait il résulte que l'emploi des machines locomotives est possible sur des plans à forte pente, et que les courbes de moins de 800 mètres, minimum suivi jusqu'à ce jour, n'offrent pas des inconvénients pour la locomotion. On peut au surplus consulter sur ces questions le numéro de l'*Adour* du 30 août dernier et le mémoire de M. Lebens, pages 52, 53 et suivantes.

» On dit également, à tort ou à raison, que la déclivité du bassin du Nées vers Pau dépasse le maximun de 5 millimètres généralement suivi par l'administration. Mais l'administration a elle-même autorisé des pentes plus fortes sur certaines voies. Ainsi, sur le chemin du Hâvre, on a permis une pente de 9 millimètres par mètre, et de Châteauroux à Limoges une pente de 10 à 15 millimètres, et sur de grandes longueurs. Ce n'est pas tout. M.

Ed. Tesseirenc, dont le nom est un autorité en matière de chemins de fer, et qui a fait sur les lieux une étude spéciale des chemins de fer anglais, a établi, dans un mémoire officiel adressé au ministre des travaux publics, que les chemins à forte inclinaison qui offrent une grande économie dans les frais d'établissement, puisque dans ce système le nombre des tunnels, des tranchées et des viaducs est considérablement réduit, n'occasionnaient aucun surcroît de dépense pour les frais de traction et aucune diminution de vitesse. On a objecté que la sécurité n'était pas la même pour le public, que la ligne horizontale était bien supérieure, sous ce point de vue, aux plans inclinés. On a répondu que plus la voie se rapprochait du niveau naturel du sol, plus la base était solide, la surveillance facile, l'entretien économique et la marche des convois éclairée, et par conséquent plus il y avait de sécurité ; et l'on a invoqué, à l'appui de cette thèse, les statistiques anglaises qui prouvent qu'on ne connaît pas d'accident prenant sa source dans l'inclinaison plus ou moins forte du profil des chemins. (Voyez cette discussion dans le numéro de l'*Adour* du 30 août dernier. Voyez aussi dans l'avant-projet de M. Lebens le tableau de la déclivité des pentes des chemins anglais, pages 52 et suivantes.) Tel est l'état de la question des pentes et des courbes d'après les expériences faites et les documents publiés jusqu'à ce jour. On est visiblement et forcément entraîné vers l'adoption des fortes pentes et des courbes à faible rayon. M. Tesseirenc demande l'adoption des courbes de 400 mètres de rayon. Il faudrait à tout jamais renoncer à l'établissement de voies ferrée dans nos pays de montagnes, si l'on n'était décidé à modifier singulièrement les règles qu'on a suivies jusqu'ici pour les pentes et les courbes. Il s'agit de travailler dans un pays exceptionnel, où le sol est partout plus ou moins accidenté et ne présente un plan horizontal que de loin en loin et sur de fort petites longueurs.

» On peut s'en convaincre en examinant la configuration du tracé proposé par la compagnie Faure. Ce tracé présente d'innombrables courbes et rampes à forte pente et deux tunnels, l'un de 1,422 et l'autre de 1,248, mètres, dans les Hautes-Pyrénées, pour surmonter des obstacles un peu différents du col de Rébénac. (Avant-projet, pages 36, 60 et suivantes.) D'après ce projet également, il faudrait des travaux d'art assez considérables, des ponts et viaducs dans le parcours d'Orthez. *(Ibidem.)* Il y a dans ce parcours des difficultés que le *Mémorial des Pyrénées* déclare *presqu'insurmontables.* (N° du 22 novembre.) Nous admettrons sans peine que les défenseurs de l'embranchement du Luy exagèrent un peu les difficultés des autres projets; mais il faut reconnaître que dans le pays sous-pyrénéen, quelque part qu'on veuille placer une voie de fer, partout il y aura des obstacles. Donc ce ne sont pas des difficultés, c'est le résultat des difficultés vaincues qu'il faut envisager.

» Nous signalerons en terminant aux futurs concessionnaires de la ligne pyrénéenne une dernière considération. Le voisinage des montagnes leur procurera un immense avantage pour l'établissement du chemin de fer. Ils seront à une petite distance des mines et des forges où tout le matériel nécessaire pourra être confectionné sans de grands frais. Ils y trouveront d'ailleurs tous les matériaux nécessaires. Ils auront une grande facilité pour recruter une masse d'ouvriers à un prix très-modéré. Une bonne partie de ces ouvriers arriveront des montagnes de l'Aragon. Il en vient chaque année des bandes dans les arrondissements d'Oloron et de Mauléon. Ces hommes, aux formes athlétiques, s'occupent dans ces contrées aux travaux les plus rudes de défrichement, de terrassement, etc. Il est encore incontestable, selon nous, que cette voie, la plus féconde en résultats utiles pour le pays et pour les fondateurs, sera aussi la moins coûteuse pour la création et l'entretien.

» Arrivé au bout de notre tâche, il nous reste à faire un appel à tous les hommes sincèrement amis de leur pays. Cette question vitale, de laquelle dépend l'avenir de nos contrées, occupe peu les esprits. Cette indifférence aveugle, cette torpeur glaciale sont inexplicables. Qu'a fait, par exemple, le commerce

Oloronais si intéressé dans la question? Rien. Qu'a fait la chambre consultative de cette ville qui aurait dû prendre l'iniative d'une lutte dont la fortune du pays est l'enjeu? Rien. Qu'a fait l'arrondissement de Mauléon? Rien. Qu'ont fait les cantons de l'arrondissement d'Orthez dont l'intérêt se lie au tracé d'Oloron? Rien, toujours rien. Tous ces intérêts resteront-ils donc ainsi désarmés, n'organiseront-ils pas un système de défense? Qu'on se réunisse, qu'on approfondisse la question, qu'on fasse étudier chaque ligne proposée pour le département par des hommes spéciaux. Cette question est trop grave pour qu'on l'abandonne à elle-même. Négociants, grands propriétaires, industriels, vous êtes les auxiliaires obligés de vos représentants dans le conseil du pays. Prêtez un généreux concours à ces hommes dévoués qui ont soutenu avec tant de force et d'ensemble la défense de vos intérêts au sein du conseil général. A la première session, ce grand débat sera sans doute vidé par un vote solennel; préparez des armes à ceux qui seront heureux de faire triompher la justice et la vérité. »

—

Nous compléterons cette étude de la question par l'exposé de quelques faits qui se sont produits depuis l'impression de ces articles et par les réflexions que ces faits nous ont suggérées.

Dans le mois de décembre 1846, M. Ménard, Ingénieur ordinaire de l'arrondissement de Pau, fit un rapport sur la question de la direction du chemin de fer entre Pau et Oloron par Rébénacq et le vallon de l'Escou. Voici le résultat de ce rapport qui est déposé à la mairie d'Oloron :

VALLON DU NÉES.

Le tracé part du pont d'Oly. Il passe au pont S.te-Catherine à Gan, au pont Acot et au pont Larroque même commune, sur la place de Rébénacq et dans la gorge de Hayet même commune.

VALLON DE L'ESCOU.

Le tracé part de l'extrémité de la gorge Hayet (versant Ouest). Il passe au pont rouge, à la Cour des bains d'Ogeu, à un marais, au premier pont d'Escout, au 2.e pont d'Escout, au pont de Précilhon, à l'axe de la route de grande communication, n.º 2 à Goés ; enfin il aboutit à la barrière du domaine de M. Limendoux (Armendiüs), à Oloron.

Nous donnons tout le parcours du tracé entre Pau et Oloron pour répondre aux adversaires de cette ligne qui répètent, à tout propos et sans aucune preuve, qu'il existe des difficultés insurmontables entre Pau et Oloron.

Suivant ce même rapport, la longueur totale entre le point de départ et le point d'arrivée est de 34,500

et la différence de niveau entre ces deux points est
de 54 mètres: ce qui donne une pente de moins de
deux millimètres par mètre. Mais entre les deux extrémités de la gorge de Hayet à Rebenacq il faut un
tunnel de 3,500 mètres.

Cette difficulté vaincue, le tracé indiqué par M.
Ménard n'offre plus qu'un parcours des plus faciles.
Il faut remarquer que cet ingénieur n'a point
examiné si la hauteur de la gorge de Hayet ne pourrait pas être rachetée au moyen de courbes et si
réellement il est nécessaire d'établir un tunnel aussi
long. Cette question, qui ne rentrait pas, nous le
reconnaissons, dans la mission de M. Ménard, reste
donc entière, et nous avons la conviction qu'une
solution toute différente lui serait donnée par des
ingénieurs spéciaux.

Autre fait digne de l'attention du Gouvernement
et de la compagnie qui devra établir la tête du chemin de fer pyrénéen. Dans ce moment le gouvernement Espagnol s'occupe activement de la réparation
de la route de terre entre Saragosse et la frontière
française par Jaca et Camfranc: plus de deux mille
ouvriers travaillent sur cette route entre Saragosse
et Jaca. En même temps un chemin de fer se cons-
truit entre Barcelonne et Saragosse. Il est donc
certain que la route impériale de Bordeaux en
Espagne, n.º 134, qui passe à Oloron et dans la
vallée d'Aspe, va acquérir une bien plus grande

importance. Du côté de la France elle est en bon état de viabilité, à l'exception d'un parcours de 6 à 8 kilomètres qui peuvent être achevés dans deux ou trois années. Dès que cette route sera terminée, elle servira sans nul doute aux relations des deux gouvernements, puis qu'ainsi que nous l'avons dit au commencement de ce mémoire c'est la voie la plus courte vers Madrid; et c'est également la plus importante, parce qu'elle rencontre sur son passage la ville de Saragosse, centre de tout le commerce de la Péninsule. Déjà sous l'Empire et durant les guerres carlistes les courriers de cabinet ont suivi cette route pendant l'occupation des provinces Basques.

Dans un avenir très-prochain, l'Espagne, qui est visiblement en voie de progrès, fera d'autres chemins de fer. Nécessairement il lui en faudra un de Saragosse à Madrid et un autre de Saragosse à la frontière française; et pour l'établisement de ce dernier la ligne par Jaca et Camfranc, qui offre un trajet plus direct et qui ne nécessite presqu'aucun travail d'art obtiendra forcément la préférence.

Enfin si les Gouvernements français et espagnols se décident à créer une voie ferrée entre les deux pays, ce sera certainement par Oloron et par la vallée d'Aspe qu'elle passera à cause des difficultés invincibles de tous les autres parcours. Des études ont déjà été faites dans les provinces Basques vers

la frontière française; mais elles n'ont servi qu'à
constater l'impossibilité de l'établissement d'un chemin
de fer dans ces contrées coupées par d'innombrables
accidents de terrain. Nous ne pensons pas que les
nouvelles explorations, qui pourront être faites par
ordre du gouvernement espagnol, obtiennent un
autre succès.

Ainsi donc, si l'on adopte le tracé que nous proposons, la même ligne peut devenir tout à la fois la tête
du chemin de fer pyrénéen et la tête d'un chemin de
fer vers la frontière d'Espagne, et ce tracé permet
de réaliser une énorme économie qu'on ne ferait
point en suivant le gave de Pau ou les bords du Luy.

Ces graves considérations seront pesées par le gouvernement et par la compagnie concessionnaire de
la ligne de Bordeaux à Bayonne, qui devra, nous
l'espérons, dans un avenir très-prochain, terminer
son œuvre en prolongeant la voie ferrée jusqu'à Pau
et peut-être jusqu'à la frontière espagnole. On com-
prendra sans peine combien il importe pour les relations internationales et pour que la ligne soit tout-à-
fait productive qu'elle se rapproche le plus possible
de l'Espagne, afin d'attirer à elle par la vallée d'Aspe
et Oloron tout le courant de l'Aragon.

Que chaque ville du département cherche à s'em-
parer du chemin de fer et à accaparer tout le
mouvement du pays, cela se conçoit. Mais le gouvernement et la compagnie concessionnaire sauront

s'élever au-dessus de ces calculs égoïstes et reconnaître que si le tracé de la vallée du gave Oloronais est un peu plus long, ce tracé est celui qui donne satisfaction à la plus grande masse d'intérêts généraux et locaux. Car il favorise puissamment les relations internationales et le développement des transactions commerciales entre la France et l'Espagne.

Nous soumettons avec confiance ce mémoire à la haute sagesse du gouvernement et à l'opinion publique, en attendant que les populations intéressées dans la question fassent entendre leurs justes réclamations par la voix de leurs conseils municipaux et d'arrondissement, des chambres de commmerce et des arts et manufactures.

Oloron, le 15 Mars 1853.

Ed. LOUIS, ancien maire; T. CAMOU, président du tribunal de commerce; A. POURTAU-PENNE, ancien sous-préfet; MAISOUNABE, ancien juge du tribunal de commerce; Frères CHARBONNEL; DUCOS, Frères; J. A. AROCENA, ancien vice-consul d'Espagne; J. CASALES, juge du tribunal de commerce.